AF230671

APPEL AU BON SENS

AU DROIT ET A L'HISTOIRE

EN RÉPONSE A LA BROCHURE

LE PAPE ET LE CONGRÈS

Paris. — Imprimé par E. Thunot et Cie, 26, rue Racine.

APPEL

AU BON SENS

AU DROIT ET A L'HISTOIRE

EN RÉPONSE A LA BROCHURE

LE PAPE ET LE CONGRÈS.

PAR

M. ALFRED NETTEMENT

PARIS

JACQUES LECOFFRE ET Cie, LIBRAIRES-ÉDITEURS,

29, RUE DU VIEUX-COLOMBIER, 29

1860

APPEL AU BON SENS

AU DROIT ET A L'HISTOIRE

EN RÉPONSE A LA BROCHURE

LE PAPE ET LE CONGRÈS

—⸙⸙⸙—

I.

Au moment marqué pour la réunion du Congrès, une voix s'élève pour citer le Souverain Pontife à sa barre, et elle se charge d'indiquer à l'avance la solution de la question romaine. Quelle est cette voix? Je l'ignore. L'auteur de la brochure *le Pape et le Congrès* ne se nomme pas. — « C'est, dit-il, la voix d'un catholique sincère. » — Qu'en sais-je? — « Une voix respectueuse pour les droits du peuple comme pour les intérêts de la religion. » — Qu'en sais-je encore? L'incognito n'est pas de mise pour qui vient émettre une opinion dans un si grand débat. On aime à savoir qui parle et à qui l'on parle. Un homme de cœur se plaît d'ailleurs à mettre sa vie tout entière derrière ses paroles afin de leur donner du poids. La presse aussi est une tribune où les orateurs masqués font une étrange

1 "

figure. Grand ami des droits des peuples, dites-nous votre nom pour que nous sachions si vous les avez toujours défendus et comment vous les avez défendus. Catholique sincère, dites-nous votre nom pour que nous sachions si vous avez servi ou combattu l'Église. La première chose qu'on demande à un témoin quand il paraît devant un tribunal, c'est de se découvrir le front, et de dire son nom ; devant le grand tribunal de l'opinion publique vous cachez l'un, vous taisez l'autre. Pourquoi ? Que craignez-vous ? est-ce votre passé ? est-ce le présent ? est-ce l'avenir ? est-ce votre nom lui-même ?

Toutes ces questions se sont présentées à l'esprit du public à la lecture de la brochure de l'anonyme ; c'est pour cela que je les énonce. Cependant la brochure fait son chemin dans le monde. Tous les échos de la publicité retentissent du bruit qu'on fait autour d'elle. Le *Times* déclare au nom du protestantisme anglais que les liens de l'Angleterre et de la France sont resserrés si notre diplomatie adopte les conclusions du catholique sincère, et les libres penseurs qui ne lui sont pas moins sympathiques acceptent avec transport son manifeste. Les protestants applaudissent, les révolutionnaires triomphent, les évêques, le clergé et les catholiques s'indignent. Quel succès !

L'anonyme nous rendait l'auteur suspect, la joie des ennemis de l'Église frappe l'écrit de la même suspicion. Je lui demandais tout à l'heure : « Si vous êtes un catholique sincère, pourquoi cachez-vous votre nom ? »

Je lui demanderai maintenant : « Si votre écrit est des
tiné à servir la cause de la religion catholique et de la
papauté, pourquoi réjouit-il les protestants de l'Angle
terre et les mortels ennemis de l'Église en France? »

II.

Tel qu'il est, examinons-le cependant. Étudions cette
solution qui, prise, dit-on, entre les deux extrêmes, doit
réjouir les gens modérés et les esprits sages en conci-
liant les intérêts de l'Église et ceux de la politique.

L'anonyme commence par mettre un point hors de
discussion : «Le pouvoir temporel du Pape est-il *nécessaire*, demande-t-il, à l'exercice de son pouvoir spirituel? La *doctrine catholique* et la raison politique sont
ici d'accord pour répondre affirmativement. »

L'esprit modéré dépasse ici les esprits absolus, et le
catholique sincère connaît mal la langue de l'Église.
L'Église n'a jamais enseigné que le pouvoir temporel
fût d'une nécessité absolue à l'exercice de son pouvoir
spirituel. Si elle avait enseigné cela, le pouvoir temporel serait un article de foi, et l'opinion que l'anonyme regarde comme excessive serait juste et bien
fondée. Il n'y a d'absolument nécessaire à la papauté que cette parole du Christ : « Vous êtes Pierre,
et sur cette pierre je fonderai mon Église, et les
portes de l'enfer ne prévaudront point contre elle. »
Cette parole et les grâces qu'elle confère au successeur

de saint Pierre, voilà ce qui doctrinalement est nécessaire au Saint-Siége et ce que les hommes ne lui ôteront
pas. Dieu proportionne les secours aux besoins, et l'on
a vu des Papes dépouillés de leurs États, errants d'exil
en exil, ou mêmes captifs, persécutés, violentés par
des gouvernements aveugles et impies, montrer par la
fermeté de leur conduite qu'ils n'*appartenaient qu'à
Dieu*, pour appliquer cette expression d'une manière
plus convenable que l'anonyme qui a écrit cette phrase :
« Il est nécessaire que le chef de deux cents millions de
catholiques n'appartienne à personne. »

A qui croyez-vous, par exemple, qu'appartenait le
saint Pape Pie VII, lorsqu'en 1808, apprenant qu'une
division française sous les ordres du général Miollis
marche sur Rome, l'auguste vieillard s'entoure du
sacré collége, et, assis sur son trône, fait introduire devant lui l'envoyé de France Alquier, mandé par un billet
de la secrétairerie d'État, et lui adresse ces paroles :
« Dites à votre souverain que monter sur ce trône c'est
pour nous la même chose que de fouler aux pieds un
plancher. Dites-lui que nous sommes inébranlable.
S'il désire nous faire déporter, il n'a qu'à donner un
ordre ; mais qu'il sache bien que nous ne serons plus
alors qu'un simple moine bénédictin, Grégoire-Bar-
nabé Chiaramonti. Dites-lui que, dans ce cas, le véritable Pape est élu, c'est lui-même qui le proclamera.
Entendez-vous ? Allez. »

L'anonyme oserait-il dire, oserait-il penser que le

Pape Pie VII, quand il prononça ces admirables paroles, appartenait à l'empereur Napoléon qui, au point de vue matériel, était maître de sa personne et de ses États? Non, le Pape Pie VII était libre, libre de la liberté des martyrs dans l'amphithéâtre. Dans l'exil, dans la captivité, il gardait son indépendance morale, il ne relevait que de sa conscience et de Dieu.

Cette vérité doctrinale posée, il y a une vérité pratique qu'il faut reconnaître avec l'anonyme : c'est qu'au point de vue humain l'indépendance temporelle est un moyen de rendre l'indépendance spirituelle plus facile, et c'est ainsi que la souveraineté temporelle est étroitement liée à la souveraineté spirituelle, comme l'a dit le Pape Pie IX, et qu'elle devient d'une nécessité secondaire. L'Église, qui est la sagesse et la raison même, n'a jamais négligé d'ajouter les moyens humains et naturels aux moyens divins et surnaturels, quand il s'est agi d'atteindre un but avantageux pour la religion. C'est à cette considération puissante qu'est due la fondation de la souveraineté temporelle du Saint-Siége ; c'est pour cela que de grands princes, parmi lesquels la France s'honore de compter Charlemagne, ont voulu devenir les bienfaiteurs de l'Église, et que de grands Papes ont accepté leurs bienfaits.

Ces États et ces principautés, qui composent le domaine temporel de l'Église, ne lui ont pas été donnés le même jour, ni par les mêmes mains. Au viii⁰ siècle, Pépin le Bref donna au Pape Étienne II l'exarchat de Ravenne et la Pentapole, c'est-à-dire Rimini, Pesaro, Fano, Sinigaglia et Ancône; Charlemagne y ajouta le Pérugin et le duché de Spolette. Au xie siècle, Henri III, empereur d'Allemagne, agrandit le domaine de l'Église du duché de Bénévent. Au xiie, la comtesse Mathilde, la grande Italienne, comme on l'a appelée, fit don au Saint-Siége de Bolsena, Bagnara, Montefiascone, Viterbo, Civita-Castellana, Corneto, Civita-Vecchia, Bracciano et leurs territoires. Enfin Rome, longtemps en république, entra la dernière dans ce domaine sacré. Mais toutes ces donations eurent le même objet: assurer l'indépendance temporelle du Saint-Siége, et favoriser par là son indépendance spirituelle et le service général de l'Église.

C'est par là que cette propriété a pris un caractère sacré; c'est la plus honnête et la plus incontestable de toutes les propriétés européennes, parce qu'elle n'a pour origine ni la violence de la conquête, ni le dol et la fraude qui entachent si souvent les acquisitions de la diplomatie, mais des libéralités légitimes, inspirées à ceux qui les firent par un motif religieux et magnanime, acceptées par ceux qui les reçurent, non en vue d'un intérêt personnel, mais en vue d'un intérêt de l'ordre le plus élevé, d'un intérêt universel et vraiment catholique. Les païens eux-mêmes, malgré l'infériorité de leur religion, avaient compris que les biens dédiés au service du culte prenaient un caractère sacré, et la loi Julia punissait le vol sacrilége de l'interdiction de l'eau et du feu. Il est donc facile de comprendre, sous l'empire de la loi chrétienne, qu'au commencement de leur pontificat les Papes fassent le serment de ne laisser rien distraire du dépôt qu'ils ont reçu pour le bien de l'Église, et qu'on ne puisse, sans encourir la censure spirituelle du Saint-Siége, mettre la main sur ce domaine, doublement sacré par son origine et par l'emploi qu'en fait le donataire.

Après ce peu de mots, la question semble épuisée et il suffit de la résumer pour la résoudre. La souveraineté temporelle du Pape n'est pas doctrinalement d'une nécessité absolue à sa souveraineté spirituelle, mais elle a été providentiellement instituée, pour rendre l'exercice de cette souveraineté plus indépendant.

Les États et les domaines qui sont le gage et la garantie de cette indépendance temporelle représentent la propriété la plus respectable par son origine comme par son objet. Les Papes, en montant dans la chaire pontificale, font le serment de ne pas consentir à laisser entamer le domaine de saint Pierre; les catholiques ne peuvent en rien détacher sans se déclarer ennemis de l'Église.

C'est la doctrine des conciles généraux et notamment du concile de Constance dans sa sentence contre les erreurs de Wiclef. Le Pape Clément XIII, dans sa bulle publiée en 1768, *In die cœnæ Domini*, a prononcé l'excommunication contre ceux qui, « par eux ou par les autres, directement ou indirectement, sous quelque prétexte que ce fût, entreprendraient d'envahir en tout ou en partie les villes, terres, lieux, droits appartenant à l'Église romaine, et tous les adhérents, fauteurs et défenseurs de ceux-là, comme tous ceux qui leur prêteraient secours, conseil, ou les favoriseraient de quelque manière que ce fût. » En outre, il a décidé que ceux qui se trouveraient dans les cas précités « ne pourraient être absous que par le Pontife romain, excepté à l'article de la mort, et encore après s'être soumis aux décisions de l'Église. »

Récemment encore les conciles provinciaux de France, notamment celui de Reims, en 1849, ceux de Tours, d'Albi, de Bourges, de Bordeaux, de Lyon, de Toulouse, en 1850, d'Auxerre, en 1851 (1), ont renouvelé de la manière la plus énergique l'expression de leur conviction profonde à cet égard, en reproduisant pour la plupart les paroles de Bossuet citées à l'Empereur Napoléon Ier par l'abbé Émery, dans une circonstance mémorable. Enfin, il y a deux mois à peine, dans le cas spécial dont il s'agit, Son Éminence le cardinal Gousset, archevêque de Reims, dont la parole a tant de poids, s'exprimait ainsi dans son mandement du 15 novembre dernier, ordonnant des prières pour les besoins de l'Église : « Au point de vue social, une semblable agression contre un gouvernement tout paternel, sous les prétextes les plus hypocrites, un démembre-

---

(1) Voir l'appendice des *Principes du droit canon*, par Son Éminence le cardinal Gousset, page 618, *De dominio sanctæ Romanæ Ecclesiæ*.

ment territorial effectué violemment au mépris des titres les plus anciens et les plus respectables, sont un grave désordre et une violation criante du droit public, un principe subversif, un précédent plein de danger. Au point de vue religieux, cette usurpation partielle ou totale des États du Saint-Siége est une rapine sacrilége qui a pour but de changer et de bouleverser la condition providentielle de l'Église. »

Comprenez-vous qu'un catholique sincère, bravant toute l'Église, se mette de gaieté de cœur sous le coup de ces excommunications et de ces censures ?

En présence de ces souvenirs historiques, de ces droits authentiques, de ces autorités sacrées, que reste-t-il à faire aux honnêtes gens, sinon de respecter une propriété si légitime, si honorablement acquise, si utilement employée; aux catholiques vraiment sincères, sinon de remplir leur devoir en aidant le Pape à faire le sien, c'est-à-dire à transmettre à ses successeurs le domaine de saint Pierre comme un dépôt sacré ?

III.

Est-ce la solution que propose l'anonyme? En aucune façon. L'anonyme pose les prémisses, mais à condition de ne pas en tirer la conclusion. Il se soumet à lui-même un cas de conscience, et ce cas de conscience, le voici : « Comment le Pape sera-t-il à la fois Pontife et roi? Comment l'homme de l'Évangile qui pardonne sera-t-il l'homme de la loi qui punit?

Comment le chef de l'Église qui excommunie les hérétiques sera-t-il le chef de l'État qui protége la liberté
de conscience? Quel est donc le moyen pour que la
mission du Pontife trouve dans l'indépendance du
prince une garantie de son autorité sans y laisser un
embarras pour sa conscience? »

Voilà le casuiste anonyme en apparence bien embarrassé: embarrassé d'abord dans ses idées, embarrassé ensuite dans ses phrases. Il dit en commençant
que la passion fait sentir, mais qu'elle ne fait jamais
voir; les phrases ont quelque chose de pis, elles ne font
ni voir ni sentir. Le sentiment, comme le sens, expire
sous l'abus des figures de rhétorique. Ce ne sont que
festons et qu'astragales, concetti, mots à effets, non-
sens sonores. La pensée se noie dans un déluge de
métaphores ou se trouve écrasée par le choc des an-
tithèses. N'avez-vous donc pas vu, ô casuiste anonyme,
ébloui par le miroitement de votre style, que vous prou-
viez trop dans votre seconde thèse, et qu'elle détruisait
la première? D'abord cette alliance du principat sacré
avec la souveraineté temporelle n'est pas une chose
nouvelle; il y a dix siècles qu'elle dure. Le problème
dont nous cherchons la solution théorique a été résolu
en fait par une suite de grands Pontifes. Pourquoi, en
outre, nous disiez-vous tout à l'heure que la souveraineté temporelle est nécessaire à la souveraineté spirituelle, si vous tenez à nous démontrer maintenant
qu'elles sont incompatibles? Pendant que vous aligniez

vos phrases, que vous combiniez vos mots à effet, que vous aiguisiez vos concetti, et que vous faisiez miroiter vos images, vous ne vous êtes pas même aperçu d'une chose : c'est que vos arguments vont plus loin encore que vous ne pensez, et que ce n'est pas seulement la souveraineté temporelle des Papes que vous attaquez. Est-ce que par hasard il n'y a parmi les catholiques que le chef du catholicisme qui soit tenu d'observer l'Évangile ? Est-ce que tous les souverains catholiques qui sont armés du glaive de justice qui punit ne sont pas obligés, en conscience, de pratiquer l'Évangile qui pardonne ? Est-ce qu'il n'est pas de leur devoir de haïr, je ne dis pas les hérétiques, mais l'hérésie, de tout l'amour qu'ils doivent porter à la vérité ? La conséquence logique à tirer de votre argumentation, c'est qu'il n'y a que les indifférents et les mécréants qui soient aptes à régner dans ce monde, parce qu'eux seuls n'ont pas de devoirs envers la vérité religieuse qu'ils rejettent, et envers l'Évangile auquel ils ne croient pas.

Comment l'anonyme fera-t-il pour échapper à cette conclusion ? Vous allez l'apprendre. D'abord il cherche ce que le pouvoir du Pape ne doit pas être. Il procède par la négation, et vraiment, quand il a énuméré tout ce que ce pouvoir ne doit pas être, il devient assez difficile de trouver ce qu'il sera. « Il n'y a pas de constitution, dit l'anonyme, qui puisse concilier des exigences si diverses. Ce n'est ni par la monarchie, ni par la république, ni par le despotisme, ni par la liberté que ce but

sera atteint. » Alors par quel chemin y arrivera-t-on,
s'il vous plaît? Écoutez et admirez. Il y avait à Athènes
une école de rhéteurs qui, peu soucieux d'avoir des
idées, professaient le grand art de ramener le raison-
nement à la phraséologie. Ces ferrailleurs du sophisme
étaient toujours prêts à prouver contre tout venant les
deux contraires. Les difficultés qu'ils ne pouvaient résoudre par la logique, ils les résolvaient par le style.
Ils noyaient un problème dans une image, ou le bri-
saient contre un mot à effet. Certainement l'anonyme
est de cette école : « Le pouvoir du Pape, continue-t-il,
ne peut être qu'un pouvoir paternel. » On avait ima-
giné jusqu'ici que ce devait être le caractère de tous les
pouvoirs, à l'exception du pouvoir tyrannique. Plus
d'un roi de France a porté ce beau titre de *Père du
Peuple*. Saint Louis l'obtint dans son temps de la re-
connaissance publique ; Louis XII en hérita ; Voltaire
lui-même l'a donné à Henri IV, et Louis XVI l'a mérité
jusque sur les marches de l'échafaud en priant pour la
France. Il est si vrai que ce caractère de la paternité
se joint naturellement à l'idée de pouvoir, que, même
dans les États où le pouvoir est despotique sans être
tyrannique, le nom de *père* vient se placer dans la
bouche des sujets quand ils parlent à leur souverain.
Le Russe de la classe la plus humble n'aborde jamais
le czar sans lui donner le nom de *père*. Ce n'est donc
rien dire que d'affirmer que le pouvoir du Pape doit
être paternel. C'est une phrase, rien de plus.

Aussi l'auteur, qui n'a peut-être pas été content de sa première définition, y ajoute aussitôt une seconde phrase qui a le mérite d'être moins claire que la première. « Le pouvoir du Pape, dit-il, doit plutôt ressembler à une famille qu'à un État. » Qu'est-ce qu'un pouvoir qui ressemble à une famille? Je vous l'expliquerai dès que vous m'aurez expliqué ce qu'est un pouvoir qui ressemble à un État. L'important pour l'anonyme, c'est d'arriver à sa conclusion, et sa conclusion la voici : « Non-seulement il n'est pas nécessaire que le territoire du Souverain Pontife soit très-étendu, mais nous croyons qu'il est essentiel qu'il soit restreint. Plus le territoire sera petit, plus le Souverain sera grand. »

Soyez attentifs. *In cauda venenum,* comme l'a dit le proverbe latin : c'est dans la queue de cette antithèse qu'est caché tout le venin de la brochure, et par cette route émaillée de toutes les fleurs de la rhétorique, la spoliation va faire son entrée sur la scène.

L'anonyme éprouve le besoin de tenter un nouvel effort pour faire accepter sa pensée, et il appelle à son aide le ban et l'arrière-ban des métaphores. « Un grand État, dit-il, voudra vivre politiquement, perfectionner ses institutions, participer au mouvement général des idées, bénéficier des transformations du temps, des conquêtes de la science, des progrès de l'esprit humain ; il ne le pourra point. Ses lois seront enchaînées au dogme, son activité sera paralysée par la tradition, son patriotisme sera condamné par la foi, il faudra qu'il se résigne à l'immobilité ou qu'il s'emporte jusqu'à la révolte. Le monde marchera et le laissera en arrière. »

C'est ainsi que les phrases enfantent des phrases qui engendrent de nouvelles phrases à leur tour. Sortons des mots et allons au fait. Vous êtes, avez-vous dit, un catholique sincère. Vous croyez donc que la vérité catholique est la première et la plus haute de toutes les vérités. S'il en est ainsi, elle doit les admettre toutes. Comment donc empêchera-t-elle un peuple de bénéficier des conquêtes de la science et des progrès de l'esprit humain ? Vous parlez de l'Évangile, et, par une injurieuse confusion, vous vous exprimez comme s'il s'agissait de l'absurde Coran ou des immobiles Védas. Où donc avez-vous vu que le catholicisme puisse empêcher le progrès, lui par qui le progrès est entré et a marché dans le monde ? Où est le dogme catholique qui s'est opposé à la découverte de l'Amérique, à l'invention de l'imprimerie, de la vapeur, du télégraphe électrique, de l'éclairage par le gaz ? N'est ce point par le catholicisme, au contraire, que tout s'est perfectionné : nos lois, nos institutions, nos coutumes, nos mœurs ?

Est-ce que depuis dix-huit cents ans que le monde moderne est en marche, la tradition a paralysé l'activité ?

De deux choses l'une : ou le catholicisme est vrai,

et alors s'il ne marche pas, c'est qu'il est le but immortel vers lequel tout marche, et en marchant le monde ne le laissera pas en arrière ; ou si, en marchant, le monde le laisse en arrière, le catholicisme est faux, et si vous le croyez, vous n'êtes pas un catholique sincère.

J'ajouterai ceci : Si la situation d'un État soumis à la souveraineté temporelle du Pape, était telle que l'a peinte le catholique sincère, si le progrès de l'esprit humain devait s'y arrêter, si la science devait dans cet État renoncer à ses conquêtes, si l'activité devait y être paralysée par la tradition, le patriotisme condamné par la foi, si l'intelligence vouée à l'immobilité devait s'y endormir dans une imbécile torpeur, en se laissant distancer par le monde en marche vers ses destinées, il ne faudrait pas se contenter de limiter et de restreindre la souveraineté temporelle du Pape, il faudrait la détruire si l'on en avait le droit. En vertu de quel principe en effet condamnerait-on à cet ilotisme moral et intellectuel une partie de ses sujets en émancipant l'autre ? Qu'aurait-on à dire à ce peuple, si petit qu'il fût, s'il refusait de vivre sans code et sans justice, en dehors des lumières, des idées, et, pour ainsi dire, hors la loi du genre humain ? Pourquoi, si telle province est fondée à repousser cette condition d'existence comme un outrage, telle autre ville serait-elle obligée de l'accepter comme un bonheur ? Si aucune puissance européenne n'a le droit d'obliger par la force les insurgés de deux provinces à rester sous la domination temporelle du Pape, où les puissances européennes prendraient-elles le droit d'employer la force contre les derniers de ses sujets résolus d'échapper à tout prix à l'odieuse félicité dont le catholique sincère a présenté le triste tableau?

Ils n'auraient pas besoin d'aller chercher bien loin un argument pour légitimer leur révolte. Ils le trouve-veraient dans l'écrit du publiciste anonyme. N'a-t-il pas dit que plus les États temporels du Pape seraient petits, plus le souverain spirituel serait grand? Dès lors le véritable moyen d'agrandir l'un est de dimi-nuer l'autre. Ce n'est pas assez de lui avoir enlevé une province, s'il lui reste encore deux provinces, il faut lui en ôter une, il grandira d'autant. Ne vous lassez pas, dépouillez-le de cette dernière province, ne faut-il pas travailler toujours à sa grandeur? Rome lui reste, Rome est trop grande; quand il n'aura plus qu'un quartier de Rome, sa souveraineté spirituelle aura fait un nouveau pas. Otez-lui ce quartier, renfermez-le dans le Vatican, son pouvoir spirituel va deve-nir grand comme le monde. Chassez-le du Vatican, jetez-le dans une cellule, il sera plus grand que le monde!

Comme ces faux prophètes amenés pour maudire les tentes d'Israël et qui les bénissaient malgré eux, l'anonyme, sans le savoir, sans le vouloir, a dit la vé-rité. Oui le Pape, quand le monde lui échappera, sera plus grand que le monde, parce qu'il lui restera Dieu.

Que l'anonyme proteste contre les conséquences que la passion politique tirera de son argument, cela est possible, mais il n'empêchera pas ces conséquences de se produire. Sur le papier on arrête un syllogisme où l'on veut, mais on n'arrête pas la logique d'une situation ; elle marche en emportant les sophistes qui font semblant de se mettre en travers pour l'arrêter, comme la terre tourne en emportant les pygmées qui s'agitent à sa surface. Quand on propose à un peuple d'accepter l'humiliation de la dignité humaine dans sa personne comme un bonheur, on lui donne un argument pour secouer le joug qu'on prétend lui imposer. Et quand on a déclaré qu'il n'appartenait à personne de forcer la volonté d'un peuple, on s'est ôté à soi-même le droit de faire subir par la force un gouvernement qui ne saurait être volontairement accepté.

IV.

L'anonyme a senti malgré lui la force de cet argument, et il n'a trouvé de réponse à cette objection que dans une contradiction nouvelle. Tout à l'heure il s'agissait de séparer quelques cent mille âmes de l'humanité, car l'anonyme s'est chargé de compter et de parquer le petit troupeau qu'il veut bien laisser au pasteur universel des âmes, — et de les placer « sous un gouvernement exceptionnel, sans activité, sans développement, sans progrès, sans code, sans justice, avec des prêtres pour législateurs, des autels pour citadelles, des dogmes pour lois, dans un état social immobile où l'activité sera paralysée par la tradition, et le patriotisme par la foi. » Toutes ces couleurs peu attrayantes prodiguées par la palette de ce peintre en décorations politiques, pour établir que les Romagnols ne peuvent rester sous le gouvernement du Pape, vont faire place à des couleurs d'une nuance opposée, maintenant qu'il s'agit d'établir que les Romains doivent rester sous cette domination.

Le catholique sincère, qui, se plaçant volontairement sous le coup de l'excommunication dont le Pape Clément XIII frappe ceux qui usurpent ou proposent d'usurper en tout ou partie le domaine de saint Pierre, veut spolier le Pape de la plus grande partie de ses États afin de pouvoir lui assurer une complète souveraineté *dans le coin de terre* qu'il lui laisse, va se charger de lui tracer les règles d'après lesquelles il doit gouverner ces quelques cent mille âmes qu'il lui abandonnait tout à l'heure en toute propriété. « Il faut que le gouvernement du Pape soit paternel par son administration comme il l'est par sa nature. » Insolent *il faut!* Puisque vous croyez nécessaire de dire, ô grand instituteur de la papauté, qu'il faut que son administration soit paternelle, vous pensez donc qu'elle ne l'est pas? « Celui qui s'appelle le Saint Père pour tous les catholiques doit être un père pour tous ses sujets. » La leçon et l'insulte continuent. «Si ses institutions sont en dehors des principes qui garantissent les droits de gouvernement dans une société politique, ses actes n'en doivent être que plus irréprochables, et quand il ne peut être imité de personne, il importe qu'il soit envié de tout le monde. Nous regardons donc le gouvernement temporel du Pape comme l'image du gouvernement de l'Église ; c'est un pontificat et non une dictature. Le large développement de la vie municipale dégageant sa responsabilité des intérêts administratifs, il peut se maintenir dans une sphère qui l'élève au-dessus de la manipulation des affaires. Membre de la Confédération italienne, il est protégé par l'armée fédérale. Une armée pontificale ne doit être qu'une enseigne d'ordre public ; mais quand il y a à combattre les ennemis du dehors et du dedans, ce n'est pas au chef de l'Église à lever l'épée. »

Qu'est-ce à dire ? Tout à l'heure vous restreigniez les États du Pape pour qu'il pût être souverain dans le coin que vous daigniez lui laisser, et voici maintenant que vous réduisez cette souveraineté à néant dans l'étroit espace où vous l'aurez cantonnée. Pour dégager sa responsabilité des intérêts administratifs, vous lui ôtez sa puissance administrative, et vous la déférez à une municipalité largement développée ; ne faut-il pas affranchir le Pape du soin des affaires ? Vous ne lui donnez qu'une enseigne d'armée, ce sont vos paroles, et vous placez le souverain nominal de Rome, au dedans sous la tutelle de la municipalité romaine,

au dehors sous la protection, c'est-à-dire sous la dépendance de l'armée fédérale dans laquelle dominera
le Piémont, qui vient de lui donner des preuves de son
désintéressement filial dans les Romagnes ! Que devient le Pape après ce nouveau travail d'épuration
auquel on soumet sa souveraineté temporelle dés-
armée à la fois du glaive de la justice et de l'épée du
gouvernement? Le locataire du Vatican, à qui l'on
donnera congé quand le moment sera venu. On arrive
à tout avec des phrases : « Le sang répandu en son
nom, s'écrie le catholique anonyme, serait une offense
à la miséricorde divine qu'il représente. Quand il élève
la main, c'est pour bénir, et non pour frapper. »

Je croyais avoir lu quelque part que lorsque Ananie
et Saphire mentirent à Dieu en dérobant une partie
de leurs biens qu'ils avaient l'air de lui consacrer,
saint Pierre, l'ancêtre spirituel de Pie IX, ne repré-
senta plus la miséricorde, mais la justice divine, et que
ses mains s'élevèrent non pour bénir, mais pour punir.
Je croyais que lorsque les Papes levaient les mains
pour excommunier les ennemis de Dieu et de l'Église,
ces mains ordinairement chargées de bénédictions se
chargeaient de foudres spirituelles. Mais que voulez-
vous ? les phrases ont changé tout cela. La Papauté
trouve un idéal tout nouveau sous la plume du publiciste anonyme : c'est une souveraineté sans puissance, un soliveau sacré, une idole couchée dans les
pompes du Vatican ; elle a des yeux pour ne pas voir

ce qui se passe autour d'elle, des oreilles pour ne pas entendre les voix qui montent du monde du mouvement, de l'activité et du bruit, des bras paralysés, des pieds immobiles; elle règne idéalement, à condition de laisser en réalité gouverner chez elle, pour elle, contre elle; elle est tout, à condition de n'être rien. S'il en est ainsi, pourquoi la faire languir? Soyez plus franc, biffez les décrets des conciles, anathématisez les Pères, annulez le serment des Pontifes, déclarez l'incompatibilité de la souveraineté spirituelle avec la souveraineté temporelle; proclamez la déchéance politique du Pape. D'autres l'ont tenté, et l'on sait quel succès ils ont eu. Que cela ne vous arrête pas, peut-être serez-vous plus heureux.

Cette prétendue incompatibilité n'existe que dans votre esprit, ou plutôt elle n'existe que dans vos phrases. Et depuis quand, l'éloquent évêque d'Orléans vous l'a avec raison demandé, l'ordre social et l'ordre divin sont-ils antipathiques, pour que vous osiez écrire cette absurdité : « Le Pontife est lié par des principes d'ordre divin qu'il ne saurait abdiquer. Le prince est sollicité par des principes d'ordre social qu'il ne peut repousser? » Faudra-t-il déclarer l'ostracisme à Dieu lui-même, ou concevoir une société en dehors de Dieu? Vous êtes catholique, et vous craignez que les lois soient enchaînées aux dogmes. A quels dogmes? Est-ce à ceux qui proclament l'existence de Dieu, l'immortalité de l'âme, la récompense des bons et la punition des méchants, la fraternité des hommes issus du même père, et rachetés par le Christ dans les embrassements de la croix, la vérité morale, la nécessité du perfectionnement, l'amour de Dieu, l'amour de nos semblables, la sainteté du mariage, les devoirs de la famille, la nécessité du dévouement à la vérité et à la justice? Est-ce parce que le Pape est le dépositaire de ces vérités augustes qu'il ne peut régner? Est-ce que les lois du monde moderne sont moins respectables parce qu'elles ont été évangélisées par le Christ?

Qu'est-ce que cet idéal absurde d'une société *sans code et sans magistrature?* Où avez-vous vu cela? Il y a maintenant dix siècles que les Papes sont souverains temporels, est-ce ainsi que la société placée sous leurs lois a vécu? *Le patriotisme sera condamné par la foi.* Ah ! j'en jure par ces Papes immortels qui ont pris en main la défense de l'Europe quand les rois ne s'occupaient que de leurs querelles politiques, j'en jure par saint Pie V qui prépara, qui gagna par les mains de don Juan l'immortelle bataille de Lépante, j'en jure par tous ces grands pontifes qui prirent en main la cause de l'Italie et qui l'auraient constituée en nation sans les querelles aveugles et les stupides jalousies de ses républiques, vous calomniez à la fois la religion qui fait du patriotisme un devoir et la papauté qui l'a toujours pratiqué. Mais à quoi bon insister plus longtemps sur ces sophismes démentis par toute l'histoire? Ne le voyez-vous pas ! Il faut bien que la possession du domaine de saint Pierre soit incompatible avec la souveraineté spirituelle, puisqu'on veut dépouiller la papauté !

La solution proposée par le publiciste anonyme ne sauve donc pas le pouvoir temporel du Pape ; elle le livre. Aujourd'hui elle lui ôte les Romagnes, elle doit lui faire perdre Rome demain. La spoliation complète est inévitable, si l'on accepte les principes posés. Qu'elle s'accomplisse en deux actes, qu'importe? Le Saint-Siège n'en sera pas moins dépouillé. Les magnifiques phrases sur la liberté qui déshériterait Rome, sur « le Vatican devenu la compensation du Sénat romain, » ne changeront rien à l'affaire. Quand les insulteurs de la Passion exposèrent le Christ au Prétoire, il lui jetèrent un manteau de pourpre sur les épaules, lui mirent un roseau en guise de sceptre entre les mains, et une couronne d'épines sur la tête. Le catholique sincère traite le serviteur comme les Juifs ont traité le maître, et la pourpre de ses phrases académiques, l'ironie de ses hommages et l'insolence de ses respects conduisent la Papauté au Calvaire.

V.

J'ai consenti un moment à discuter la solution proposée par le publiciste anonyme comme si elle pouvait être sérieusement présentée. Mais je le demande maintenant, de quel droit un individu, un congrès même pourrait-il mettre le couteau sur les États du Pape comme sur une proie qu'il ne s'agit que de dépecer ?

Est-ce que la Papauté est morte? Sa succession est-elle ouverte, ou bien est-elle déchue de son droit de propriété sur le domaine qu'elle doit aux libéralités de Pépin, de Charlemagne, de la grande comtesse Mathilde et de Henri III d'Allemagne? Comment la propriété la plus légitime et la plus incontestable de l'Europe, propriété devenue sacrée par l'emploi religieux auquel elle est destinée, par le serment du Pape qui ne peut l'abandonner sous peine de forfaiture, par le respect forcé des catholiques qui ne peuvent l'usurper sans sacrilége, se trouve-t-elle tout à coup livrée au scalpel des utopistes qui se chargent de mesurer l'espace à la souveraineté temporelle du Pape sur une contrée qui lui appartient tout entière? Y a-t-il quelque souverain qui se sente et ose se dire plus légitime propriétaire de ses États que le Pape ne l'est du domaine de saint Pierre? Est-ce la Russie, de la Pologne; l'Autriche, de la Pologne; la Prusse, de la Pologne; l'Angleterre, de l'Irlande et de l'Inde? S'il est un souverain qui ait la témérité de cette prétention, qu'il se lève, et qu'il vienne jeter la première pierre à la plus ancienne, à la plus incontestable, à la plus légitime, à la plus sainte des propriétés.

Je vois bien dans l'écrit de l'anonyme que ce que le

Congrès de 1815 a fait, le Congrès de 1860 peut le défaire, et que le second peut ôter au Pape ce que le premier lui a donné. Mais ceci ne prouve qu'une chose, c'est que si l'anonyme connaît mal la théologie et comprend peu la morale, il ignore profondément le droit politique et l'histoire.

Le Congrès de 1815 n'a pas donné au Pape des États qui lui appartiennent en vertu de titres remontant au VIIIe, au IXe, au XIe et au XIIe siècle, États qu'il a pu perdre, qu'il a perdus quelquefois par des usurpations injustes, mais qui ont fait retour à leur légitime propriétaire. Le Congrès de 1815 les lui a rendus, ce qui est un peu différent. Il ne l'a donc pas fait propriétaire du domaine de saint Pierre, il l'a reconnu comme tel. Il n'a donc pas créé son titre, il l'a confirmé en le reconnaissant. Par quel étrange abus de mots prétendrait-on que parce que le Congrès de 1815 a reconnu les droits du Pape sur le domaine de saint Pierre, le Congrès de 1860 a le droit de les nier et de les violer? Comment la restitution que le premier a faite autoriserait-elle le vol qu'on propose au second d'accomplir? Le vol, j'ai écrit ce mot, je ne l'effacerai pas. La force ne fait pas le droit, et il n'y a pas de droit contre le droit, comme l'a dit Bossuet. Pour être partielle, une spoliation n'en demeure pas moins une spoliation. Le cardinal Gousset, plus haut cité, l'a dit, et sa parole vénérée pèse d'un poids un peu plus considérable dans la balance que la parole hypocrite du catholique sincère : « Toute usurpation partielle ou totale des États du Saint-Siége est une rapine sacrilége. » Qu'est-ce à dire? On oserait signifier au Saint-Père qu'on veut bien lui laisser une part de sa propriété légitime, et qu'on lui retire l'autre parce qu'on trouve qu'il ne la possède pas utilement pour la religion et pour l'Europe! Et comment sera composé le tribunal qui déclarerait au Pape qu'il ne peut pas posséder utilement pour le catholicisme la totalité des États romains? De cinq grandes puissances (je ne parle pas des petites qui comptent peu, le Congrès de 1815 l'a prouvé, dans ces assises européennes), de cinq grandes puissances, l'Angleterre, l'Autriche, la France, la Prusse, la Russie, parmi lesquelles il y en a trois qui sont schismatiques ou hérétiques. Ainsi c'est une majorité hérétique ou schismatique qui décidera ce que le Pape doit utilement posséder dans l'intérêt de la religion catholique!

Certes, c'est là une conséquence monstrueuse, mais à mes yeux l'injustice prime tout. On a repoussé avec horreur le socialisme qui prétendait s'ériger en juge de la propriété de chacun et diminuer les patrimoines qu'il trouverait trop considérables, afin de doter les prolétaires. L'argument du publiciste anonyme est un argument socialiste. Il trouve que le Pape possède trop, et comme les docteurs de l'école de M. Proudhon et de M. Cabet, il prétend décider ce qui lui est nécessaire et ce qui lui est superflu, afin de lui laisser l'un et de lui enlever l'autre. La solution qu'il propose, c'est tout simplement le socialisme appliqué à la question romaine.

La question du domaine de saint Pierre n'est pas d'aujourd'hui; elle est d'hier, elle est de tous les temps, et toutes les fois qu'elle s'est présentée, les hommes de doctrine et de cœur l'ont résolue comme nous la résolvons. Je ne remonterai pas au delà de ce siècle pour trouver des exemples. Dans les premières années du xixᵉ siècle, l'empereur Napoléon Iᵉʳ, profondément irrité contre le saint Pape Pie VII, qui, sommé par lui de déclarer la guerre à l'Angleterre, avait répondu qu'*étant le père commun de tous les chrétiens il ne pourrait avoir d'ennemis parmi eux*, réunit aux Tuileries un grand nombre d'évêques et appela dans cette assemblée M. Émery, le vénérable supérieur de Saint-Sulpice, dans la doctrine et dans la vertu duquel il avait une haute confiance. — « Je ne vous conteste pas la puissance spirituelle du Pape, dit-il, puisqu'il l'a reçue de Jésus-Christ, mais Jésus-Christ ne lui a pas donné la puissance temporelle; c'est Charlemagne qui la lui a donnée, et moi, successeur de Charlemagne, je veux la lui ôter, parce qu'il ne sait pas en user et qu'elle l'empêche d'exercer ses fonctions spirituelles. Monsieur Émery, que pensez-vous de cela? »

Écoutez la réponse de M. Émery; quoique vieille d'un demi-siècle, elle n'a rien perdu de son à-propos, et cette réponse qui n'a pas vieilli parce que la vérité n'a pas d'âge, vous allez voir que M. Émery l'avait prise sur les lèvres de Bossuet.

« Sire, répondit-il, Votre Majesté honore Bossuet et se plaît à nous le citer souvent. Voici ses paroles, je les sais par cœur :

« Nous savons que les Pontifes romains possèdent
« aussi légitimement que qui que ce soit sur la terre
« des biens, des droits, et une souveraineté (*bona,*
« *jura, imperia*). Nous savons de plus que ces pos-
« sessions, en tant que dédiées à Dieu, sont sacrées,
« et qu'on ne peut, sans commettre un sacrilége, les
« envahir. Le Siége apostolique possède la souverai-
« neté de la ville de Rome et de ses États afin qu'il
« puisse exercer sa puissance spirituelle dans tout
« l'univers plus librement, en sécurité et en paix
« (*liberior ac tutior*). Nous en félicitons non-seu-
« lement le Siége apostolique, mais encore toute
« l'Église universelle, et nous souhaitons de toute
« l'ardeur de nos vœux que ce principat sacré de-
« meure à jamais sain et sauf en toute manière. »
Telles furent les paroles de Bossuet rappelées à Napoléon par M. Émery, et quelques évêques ayant eu la faiblesse de dire à ce maître de l'Europe que M. Émery accablé d'un grand âge lui avait peut-être déplu : « Vous vous trompez, répondit-il, je ne suis pas irrité contre l'abbé Émery ; il a parlé en homme qui sait et qui possède son sujet, et c'est ainsi que j'aime qu'on me parle. »

Que ce soit là la doctrine ancienne et toujours nouvelle de l'Église, on ne saurait en douter. Tous nos
conciles provinciaux, dans les années 1849, 1850,
1851, ont flétri, blâmé, condamné, on l'a vu, ceux
qui entreprendraient contre le domaine temporel du
Saint-Siége : pendant l'année 1859, dans le consistoire
du 20 juin, précisément à l'occasion de la révolte des
provinces que l'anonyme propose de séparer du domaine
de saint Pierre, le pape Pie IX s'est exprimé ainsi :
« Lié par le devoir de notre charge apostolique et par
un serment solennel, nous devons veiller avec la plus
grande vigilance à la conservation de la religion, gar-
der complétement intacts les droits et les possessions de
l'Église romaine, maintenir et préserver de toute atteinte la liberté de ce Saint Siége à laquelle tient le bien
de l'Église universelle, et par conséquent défendre la
souveraineté que la divine Providence a donnée aux
Pontifes romains pour qu'ils pussent exercer librement
dans tout l'univers leur charge sacrée, afin de transmettre dans toute son intégrité cette même souveraineté à leurs successeurs. Nous ne pouvons donc ne
pas condamner et flétrir énergiquement les entreprises et les efforts iniques et impies de sujets en
révolte, en leur résistant de toute notre puissance.
C'est pourquoi, par une protestation de notre cardinal
secrétaire d'État, envoyée à tous les ambassadeurs,
ministres et chargés d'affaires des nations étrangères
auprès de nous et de ce Saint Siége, nous avons con-

damné et flétri les audacieuses et criminelles entreprises de ces rebelles; et maintenant, élevant la voix dans votre auguste assemblée, vénérables frères, nous protestons encore de toute la force de notre âme contre tout ce que les révoltés ont osé faire dans les lieux indiqués tout à l'heure (la Romagne), et en vertu de notre autorité suprême nous condamnons, réprouvons, cassons, abolissons tous et chacun des actes accomplis soit à Bologne, soit à Ravenne, soit à Pérouse, soit ailleurs, par ces mêmes factieux, contre la souveraineté légitime qui nous appartient à nous et à ce Saint Siége. »

Ce sont ces actes réprouvés, flétris, cassés, abolis par le Pape Pie IX, condamnés d'avance par les conciles généraux et provinciaux, que le catholique sincère propose au Congrès comme des faits accomplis qu'il doit légitimer, ratifier, consacrer par une sentence européenne. Il les présente à cette approbation, malgré l'allocution prononcée depuis dans le consistoire du 26 septembre dernier, dans laquelle le Souverain Pontife déclare que « les auteurs de ces faits accomplis, et ceux qui y ont adhéré, consenti, ont encouru les censures ecclésiastiques et les peines infligées par les sacrés canons. » Qui le Congrès doit-il croire? le catholique sincère, qui présente les actes de Bologne et de Ravenne à son approbation comme accomplis, ou le chef du catholicisme même, qui, menant derrière lui le tous cortége des conciles et de l'Église universelle tout entière, les signale à la réprobation comme coupables, flétris, réprouvés, cassés, abolis?

VI.

L'anonyme comprend malgré lui la force de quelques-unes de ces objections. Il sent que pour distraire du domaine de saint Pierre plusieurs des provinces dont il se compose, le consentement du successeur de saint Pierre serait tant soit peu nécessaire si, malgré le serment prêté par lui à son entrée au pontificat, on pouvait lui arracher ce consentement. Jusqu'ici il n'a fait luire à ses yeux que des phrases, il va chercher des arguments tout à la fois plus séduisants et plus solides.

Le Pape, outre ses droits, outre ses devoirs, est obligé de prendre ici en considération les intérêts de la religion. Le domaine de saint Pierre n'est pas la liste civile d'un homme dont l'austère simplicité sait trouver la vie monastique dans les splendeurs du Vatican; le domaine de saint Pierre est la liste civile de la catholicité. C'est à l'aide de ses revenus qu'on suffit à toutes les œuvres intérieures et extérieures, qu'on fournit aux frais de la propagande, à ceux des diverses congrégations, à ceux du Sacré Collége, et que la main libérale du Pape peut s'ouvrir pour les besoins du catholicisme dans le monde entier. Dépouiller la papauté, c'est donc spolier toutes les œuvres qui reçoivent d'elle la vie et le mouvement, c'est empêcher le soleil d'attirer à lui en vapeurs les eaux qu'il rend ensuite libéralement à la terre en pluies fécondes.

Cette objection se présente si naturellement, qu'elle a frappé l'esprit de l'anonyme. Il a tenté d'y répondre et d'y pourvoir. Savez-vous comment ? Vous vous souvenez de cette scène de l'Évangile dans laquelle Satan transporte Notre-Seigneur sur la montagne, et lui montrant de loin tous les biens de la terre, ose lui dire : « Si vous voulez m'adorer, tous ces biens sont à vous. » Il y a ici quelque chose de pareil. « Un autre point très-important, dit l'auteur anonyme, c'est que le culte catholique ne reste pas exclusivement à la charge du gouvernement pontifical. Le Pape est le souverain spirituel de tous les fidèles, et il ne serait pas juste que les dépenses nécessaires pour entretenir la splendeur qui convient à la majesté du chef de l'Église fussent supportées par les populations de ses États. C'est aux puissances catholiques à pourvoir à ces dépenses, qui les intéressent toutes, par de larges tributs payés au Saint-Siège. »

J'ose à peine le dire, mais après avoir essayé de tromper, d'émouvoir et d'éblouir le Pape, on tente ici de le corrompre. Sous la pompe fleurie de ces phrases se cache une idée sordide : « Cédez, l'argent ne vous manquera pas. » C'est une prime offerte par le catholique sincère au successeur de saint Pierre et aux cardinaux ses vénérables frères qu'on veut rassurer sur les conséquences de la mesure, afin de les disposer à ne donner que de timides conseils, ce qui est méconnaître leur caractère et insulter leur dévouement au Saint-Siége. On promet de dorer le parjure qu'on essaye d'arracher au Pape et aux princes de l'Église. Il n'est plus question de prendre le domaine de saint Pierre, que le Pape a promis sous la foi du serment de conserver à ses successeurs; on l'achètera. La spoliation fait place au marché. Les rhéteurs à la langue dorée ne sont jamais embarrassés pour trouver des motifs à l'appui des tristes transactions qu'ils proposent. Le Pape, s'il accepte cette proposition, « ne trouvera-t-il pas dans le tribut des puissances catholiques une nouvelle consécration de l'universalité et de l'unité du pouvoir moral qu'il exerce, et, d'autre part, ne sera-t-il pas affranchi de la douloureuse obligation de pressurer son peuple par des impôts qui ne rempliraient son trésor qu'en discréditant son nom? » Voilà le thème du casuiste politique, et le Pape se trouve mis en demeure, sous peine de nuire à l'universalité et à l'unité de son pouvoir moral et de devenir la sangsue publique de ses peuples, de violer le serment qu'il a prêté à son avénement. Le parjure devient ainsi un devoir et un dévouement. Il paraît que le catholique sincère compte singulièrement sur cet argument, car il y revient, en parlant plus loin « d'une cour dont l'éclat nécessaire à la double majesté du Pontife et du Prince, sera entretenue au moyen des tributs que payeront généreusement les puissances catholiques de l'Europe. » Tous les mots sont ici calculés. Tribut est le synonyme respectueux de subside, et on trouve moyen d'ajouter que les puissances ne lésineront pas et feront généreusement les choses.

L'anonyme me paraît s'être beaucoup éloigné sans s'en apercevoir du point de départ de sa brochure. Quel est l'intérêt apparent qui lui a fait prendre la plume? S'il faut l'en croire, il a voulu proposer une solution qui fût de nature à faire de la souveraineté temporelle du Pape un auxiliaire de sa souveraineté spirituelle. En un mot, il a voulu lui assurer l'indépendance. Examinons la route qu'il a suivie et le chemin qu'il a fait. D'abord, pour rendre le Pape indépendant, il le dépouille de la plus grande partie de ses États; sur 3,500,000 sujets, il lui en laisse 500,000; ensuite, pour assurer une nouvelle garantie à cette indépendance, il le dépouille de l'administration dans le coin de terre où il le relègue, et transmet cette administration à la municipalité romaine. Il lui ôte le glaive de justice sous prétexte que le Vicaire du Dieu de miséricorde ne doit pas répandre le sang, comme il lui a ôté la puissance administrative sous le prétexte que le pontife des intérêts éternels ne doit pas être distrait de sa tâche sublime par le bruit des affaires de ce monde: vieille injure prise dans l'arsenal des insulteurs du passé! Il lui a ôté l'épée de la guerre sous prétexte que le Vicaire du Dieu pacifique ne doit avoir qu'une enseigne d'armée, et l'a rendu dépendant de l'armée fédérale pour les choses extérieures, comme il l'a rendu dépendant de la municipalité romaine pour les affaires intérieures. Il ne restait plus qu'une chose à faire pour mettre le dernier trait à cette indépendance et à cette souveraineté, c'était d'ôter au Pape le droit de lever des impôts et de l'obliger de recevoir des subsides des puissances étrangères.

Les mots, malgré le culte superstitieux que leur a voué le rhéteur anonyme, n'ont pas la vertu de changer les choses. Sous les artifices du langage, j'aperçois le piége. Ce Pape qui reçoit les tributs des puissances catholiques, voulez-vous que je vous dise ce qu'il sera dans un temps où la politique comme la fortune vend ce qu'on croit qu'elle donne ? Il sera un Pape salarié. Or le salaire donne-t-il ou gêne-t-il l'indépendance ? Celui qui reçoit ne dépend-il pas toujours dans une certaine mesure de celui qui donne ? Qu'adviendra-t-il s'il arrive, comme cela s'est déjà vu, qu'il y ait conflit entre la puissance temporelle et la puissance spirituelle sur quelques points de l'Europe ? Êtes-vous sûr qu'il ne se rencontrera jamais un souverain qui voudra se servir de ce tribut qu'il paye au Pape, employons ce mot puisqu'il vous convient, pour obliger le Pape à subir sa volonté et à asservir la religion à la politique ?

Quelle sera alors la situation du Saint-Père ? Placé entre les nécessités impérieuses de l'Église, les besoins des œuvres catholiques auxquelles il faut qu'il pourvoie et les devoirs étroits du Pontificat qui ne lui per-

mettent pas d'abaisser la houlette du pasteur universel devant les sceptres séculiers, que fera-t-il? Quel est
celui de ces deux grands intérêts qu'il sacrifiera ? Ose-
rez-vous dire qu'il sera aussi libre, aussi indépendant
dans ces conditions de dépendance pécuniaire et de
sujétion fiscale envers les princes actuellement vivants,
qu'aujourd'hui où il pourvoit aux besoins de l'Église et
aux œuvres de la catholicité en demeurant seulement
l'obligé de ces morts immortels qui, par leurs bienfaits successifs, ont créé le domaine de saint Pierre?

Ce n'est pas tout. Avec ce système de tributs que
vous préconisez, le Pape ne dépend pas seulement des
hommes, il dépend des temps. Nous vivons dans une
époque où, pour prévoir des révolutions, il suffit de se
souvenir. Jamais l'instabilité des choses humaines ne
s'est manifestée d'une manière plus éclatante. Le flux
des événements apporte des gouvernements et des dy-
nasties que leur reflux emporte, et ces grands coups
de théâtre qui changent la face du monde ont pris un
caractère pour ainsi dire périodique ; de sorte qu'on
peut presque mesurer la vie moyenne des gouvernements. Est-il sage de compter, pour fournir à des dépenses certaines et permanentes, sur des tributs que le
cours des événements peut rendre problématiques?
Éclairons ici l'avenir par le passé. Si le Pape avait été
réduit au tribut des puissances catholiques en 1820,
croyez-vous que le tribut du gouvernement de Juillet
ne lui aurait pas manqué au moment de la catastrophe

de 1830, que le tribut du gouvernement espagnol et du gouvernement portugais ne lui aurait pas manqué pendant les longues révolutions de ces deux pays durant plusieurs années séparés du Saint-Siége ? Croyez-vous que le tribut de l'Autriche lui eût été exactement payé pendant les dernières révolutions de l'Allemagne?

Il est donc souverainement téméraire de rendre le Pape dépendant, pour les ressources qui lui sont nécessaires, de la volonté changeante et toujours incertaine des hommes et de l'instabilité des choses plus grande encore dans notre siècle que dans les siècles précédents.

VII.

Antiquité, évidence incontestable, origine respectable et sacrée des droits du Saint-Siége sur l'ensemble du domaine de saint Pierre;

Impossibilité d'entreprendre contre ces droits sans violer les règles les plus élémentaires et les plus saintes de la justice politique comme les lois des conciles et les règles posées par les saints canons;

Incompétence d'un tribunal diplomatique pour détruire un droit de propriété si bien établi, qu'il peut proclamer, mais non abroger, car un tribunal applique la loi, mais ne saurait la changer;

Impossibilité morale et religieuse d'accepter la solution proposée par l'anonyme, car elle tend à violer le droit de propriété du Saint-Siége sur son domaine temporel tout en le proclamant, puisqu'elle ne le proclame qu'à condition de restreindre le territoire sur lequel il s'exerce et dont toutes les parties appartiennent au même titre à l'Église;

Impuissance de cette solution pour résoudre le problème de l'union de la souveraineté temporelle à la souveraineté spirituelle, puisqu'en admettant une première spoliation, elle en autorise une seconde, et qu'en sanctionnant la révolte de certaines provinces, elle engage les autres à se révolter;

Inanité de cette solution qui ne donne pas l'indépendance temporelle à la papauté, même dans le coin de terre qu'elle lui laisse, puisqu'elle lui ôte le pouvoir administratif qu'elle remet à la municipalité, qu'elle lui refuse une armée et la condamne ainsi à l'impuissance au dedans et au dehors;

Dangers de tout genre des mesures de réparations pécuniaires que nécessite cette solution fausse et illusoire, en obligeant le Pape, devenu dépendant de tout le monde, de la municipalité romaine, de l'armée fédérale dans laquelle dominera le Piémont, à combler les brèches faites à ses finances par la perte de ses États en consentant à recevoir les subsides que lui marchandera la politique des gouvernements et que lui refuseront les révolutions;

Telle est la démonstration que nous croyons avoir établie d'une manière irréfragable dans les pages qui précèdent.

Peut-être pourrais-je m'arrêter ici ; car toute la partie de l'écrit du publiciste anonyme qui s'applique à la Romagne proprement dite et à sa séparation d'avec le Saint-Siége, se trouve virtuellement réfutée par ce qui précède. Quelque vaine que soit cette argumentation, je ne veux pas cependant la laisser sans réponse.

L'auteur de la brochure veut bien reconnaître que la Romagne est une possession légitime du Saint-Siége. Il ne se trompe qu'en un seul point, c'est qu'il fait dater les droits du Pape sur la Romagne des traités de 1815. Ces droits remontent un peu plus haut, car Ravenne et l'exarchat furent donnés à la papauté par Pépin et Charlemagne. Encore ce droit remonte-t-il plus haut ; car, dans l'acte de donation, il est parlé d'une restitution faite au Saint-Siége, et Éginhard, si zélé pour la gloire de Charlemagne, emploie ces expressions qui ne laissent aucun doute : « *Finis belli fuit subacta Italia et res a Longobardorum rege* EREPTÆ, *Adriano romanæ Ecclesiæ rectori* RESTITUTÆ. La fin de la guerre fut la réduction de l'Italie et la restitution à Adrien, chef de l'Église romaine, des choses qui avaient été ravies par le roi des Lombards. »

Que la Romagne soit sortie plus d'une fois du domaine du Saint-Siége, cela est vrai, mais elle y est toujours rentrée, et ces nouvelles prises de possession sont la consécration du droit primitif et antérieur. Aussi l'anonyme n'a-t-il pas pu dire que le Congrès de 1815 avait donné la Romagne au Saint-Siége ; il a été obligé de dire qu'il la lui avait rendue. Or le droit de restituer à un individu ou à une puissance ce qui leur appartient n'emporte pas, je l'ai établi plus haut, celui de leur reprendre injustement ce qu'on leur a justement restitué. Ici vient se placer la doctrine immorale du fait accompli : « Le Congrès n'aura à enregistrer qu'un fait accompli. » Mais quand un fait accompli est une injustice consommée, est-ce que la mission d'un tribunal qui a la toute-puissance est de consacrer cette injustice? n'est-elle pas plutôt de la réparer? La révolte des révolutionnaires de Rome en 1849 était aussi un fait accompli, la France l'a-t-elle accepté?

L'anonyme prononce que la papauté et la religion ne sont pas intéressées à la revendication de la Romagne. Mais qui lui a donné qualité pour prononcer sur cette question? Qui faut-il croire sur ce point, un publiciste masqué, qui cache son visage comme son nom, ou le chef du catholicisme qui revendique la Romagne comme une portion essentielle et intégrante du domaine de saint Pierre?

Je sais que l'argument que nous avons rencontré plus haut revient ici : « Plus le pouvoir temporel du Pape diminue, plus sa grandeur morale augmente. » Les métaphores ne sont pas des raisons, et les figures de rhétorique ne sauraient prévaloir contre les principes positifs du droit. D'ailleurs on a vu comment, à l'aide du travail auquel le publiciste anonyme se livre pour rendre la puissance temporelle du Pape moins terrestre, moins fatiguée des soucis de ce monde, et pour ainsi dire plus immatérielle, elle finit par s'évaporer et par être réduite au néant.

L'avocat de la spoliation objecte à cela qu'on s'est souvent révolté dans la Romagne contre le pouvoir du Pape, et que dans ce moment même cette province est en révolte contre la souveraineté du Saint-Siége. Il ajoute que « les mesures extrêmes de rigueur sont mauvaises pour tous les gouvernements et surtout pour un prince qui règne l'Évangile à la main. » Avec une émotion qui fait honneur à sa sensibilité politique, il s'étonne qu'on veuille avoir des cœurs qui ne se donnent pas et qu'on tienne à des sujets qu'il faut contenir par la force.

Est-ce qu'en parcourant l'Europe d'un regard rapide vous remarquez que beaucoup de puissances aient renoncé à la force comme moyen de gouvernement? Nous cherchons la puissance qui dédaigne d'avoir une nombreuse armée en temps de paix, et nous ne la trouvons pas. Est-ce la Russie? est-ce l'Autriche? est-ce la Prusse ? est-ce l'Angleterre ? est-ce la France? Quel est le gouvernement qui, se présentant les mains désarmées, fait dépendre l'exercice d'un droit incontestable d'un appel sentimental adressé au cœur de ses sujets?

C'est là de la rhétorique et non de la politique. La

force a toujours dû être l'auxiliaire du droit, et les souverains n'ont jamais pu marcher sans tenir l'épée de la souveraineté et le glaive de la justice. Les livres saints disent que la crainte de Dieu est le commencement de la sagesse. Cette vérité ne cesse pas d'être vraie dans l'ordre des choses temporelles; la crainte est la compagne du respect, et une société où la force cesserait d'être au service du droit se dissoudrait d'elle-même. Les nations, en effet, qui se composent d'individus, ont besoin, comme l'a dit M. Guizot, d'un frein comme les individus eux-mêmes. On sait bien peu de choses en histoire et en politique quand on ignore cela, et ce n'est pas dans une époque où en Allemagne, en Espagne, pour ne parler que du dehors, l'armée est devenue un moyen de gouvernement, qu'il faut parler de pouvoir exclusivement fondé sur la sympathie.

Disons-le ici en passant. On a beaucoup reproché au Pape d'avoir besoin d'une force auxiliaire pour maintenir ou rétablir l'ordre chez lui. Le Pape n'a qu'une armée de 17,000 hommes pour 3.500,000 sujets. Pour en avoir proportionnellement autant que nous qui comptons 400,000 hommes sous les armes sur 36 millions de Français, il devrait avoir 37,000 soldats. Si la tradition paternelle du gouvernement papal qui exclue la conscription, la modicité des impôts et l'obligation d'en consacrer la majeure partie aux besoins de l'Église universelle lui avaient permis d'avoir cet effectif de troupes, il n'aurait eu besoin de personne.

J'ajouterai que l'état particulier de la Romagne tient à une situation générale que le publiciste anonyme passe sous silence et qu'il est difficile de traiter transitoirement. Cette situation ne date pas d'hier, elle remonte à plusieurs siècles, mais elle s'est aggravée dans ces derniers temps. Au milieu de la formation des grandes puissances européennes, l'Italie s'est agitée sans pouvoir aboutir à la formation d'une vaste monarchie italienne. La grandeur passée des petites républiques dont elle se composait au moyen âge a empêché la fondation d'une grande nationalité italienne. Nous avons pu fondre ensemble nos municipalités françaises et en faire une puissante nation. Venise, Florence, Gênes, Milan, Mantoue, Rome, ont eu une personnalité trop grande dans l'histoire pour arriver à cette fusion intime qui a confondu nos communes dans l'unité française. C'est pour cela que l'Italie a été tour à tour soumise depuis longtemps aux influences rivales de ses trois grands voisins, l'Espagne, l'Autriche et la France.

Il faut ajouter à cela les ravages de cet esprit de licence et de révolution dont nous avons ressenti de ce côté-ci des Alpes les rudes atteintes que nous n'avons pas réprimées, je le rappellerai en passant, par des appels à la sympathie des peuples et par ces moyens exclusivement moraux puisés dans l'arsenal poétique de la politique sentimentale. Il résulte de cette double cause une agitation permanente et un mécontentement perpétuel dans une portion de la population de la Romagne comme dans une portion de la population des autres États d'Italie. Les esprits sont inquiets, mécontents, agités ; ils ont des aspirations confuses, des velléités plutôt que des volontés, et le goût du changement et de la nouveauté plutôt que la claire intuition de ce qui leur convient. Encore faut-il ne pas oublier qu'il est très-difficile, en temps de révolution, de savoir ce que veut la majorité d'une population. Les minorités turbulentes font illusion, par le bruit qu'elles font et le mouvement qu'elles se donnent. Elles conduisent ou dominent une majorité inerte, indifférente ou effrayée. Tacite a donné la loi des révolutions en racontant ainsi une révolution romaine : « Un petit nombre la fit, un plus grand nombre la voulut, tout le monde la laissa faire. » Il est donc très-difficile de dire d'une manière certaine ce que veut la Romagne, et il est impossible, dans l'état où elle se trouve, d'interroger d'une manière sérieuse la majorité. Il est très-possible que le mouvement qu'on fait miroiter à nos yeux ne soit qu'à la surface ; et d'ailleurs, dans ces temps d'évolutions rapides et parmi ces populations mobiles, rien de moins sûr que le mouvement qui existe aujourd'hui ne soit pas remplacé dans quelques mois par un mouvement contraire. Encore savons-nous, à ne pouvoir en douter, par les révélations de lord Normanby, dans son dernier livre, et de M. Scarlett, que ces événements accomplis ne se sont pas accomplis d'eux-mêmes. Les agents qui ont travaillé aux troubles de la Romagne, les émissaires qui y ont semé la propagande de la révolte, les mains qui ont soudoyé ces émissaires, nous connaissons tout.

Et c'est en présence d'une situation si confuse, si incertaine, si précaire et de plus produite par des combinaisons artificielles, que le publiciste anonyme conseille au Congrès de 1860, qui n'a aucune qualité pour se saisir de cette initiative, de prendre un parti définitif, de séparer la Romagne du domaine de saint Pierre, et d'accomplir, comme l'a dit monseigneur Gousset, une rapine sacrilége!

VIII.

Un dernier refuge reste au publiciste anonyme, la difficulté des moyens à employer pour faire rentrer la Romagne dans le devoir. Est-il possible d'obliger cette province à se replacer sous le gouvernement du Pape, et qui l'y obligera? Est-ce la France? est-ce l'Autriche? est-ce Naples?

Je répondrai à cette question par une autre question. Pourquoi et depuis quand la Romagne est-elle séparée du domaine de saint Pierre? Étudions les faits.

Avant le mois de mai 1859 l'Italie marchait par deux mobiles, l'influence de la France et celle de l'Autriche, qui empêchaient l'agitation entretenue par le Piémont de produire des commotions politiques dans les autres États et notamment dans les États du Saint-Siége. La France était à Rome, l'Autriche était dans les légations, et cela non en raison d'une situation qui fût particulière et inhérente aux États du Saint-Siége, mais en raison d'une situation commune à toute l'Italie.

Cet état de choses avait, je ne le nie pas, un caractère fâcheux et anormal. La tranquillité de l'Italie n'était maintenue que par des moyens factices ; mais enfin les choses allaient ainsi depuis long-temps, car depuis 1832 on peut dire que c'est cette double action française et autrichienne qui a été le mobile et la condition de l'existence politique en Italie. Au mois de mai 1859 la situation change complétement ; il n'entre ni dans mes intentions ni dans les nécessités de mon sujet de remonter au motif et de juger les résultats de la guerre qui a éclaté entre l'Autriche et la France, et dont l'Italie a été l'objet comme le théâtre. Il suffit de rappeler que ce sont les victoires de la France qui ont mis fin à la situation ancienne que nous avons définie, celle où dominait la double influence de la France et de l'Autriche. Ce sont donc ces victoires qui ont fait naître la nouvelle situation d'où est sortie l'insurrection de la Romagne, quand le succès toujours croissant de nos armes a obligé les Autrichiens à l'évacuer. Nos drapeaux ont eu la gloire de la campagne, notre politique a la responsabilité de la situation nouvelle qui en a été le résultat. Il y avait deux puissances catholiques en Italie pour protéger le Pape contre l'effervescence des idées, contre les mouvements révolutionnaires qui agitent la péninsule italienne. Il n'y en a plus qu'une seule aujourd'hui, c'est la France. Ses précédents la désignent, et j'oserai le dire, sa victoire même l'oblige.

Prenez-y garde. Le rôle de l'Autriche dans la Péninsule était double. Elle y paraissait, je le sais, avec le caractère toujours fâcheux d'une dominatrice étrangère et le visage austère et rude d'un peuple conquérant; mais elle y remplissait aussi, dans l'occasion, le rôle de puissance conservatrice, luttant contre les idées et les passions révolutionnaires, protégeant les gouvernements contre les sociétés secrètes qui ont soudoyé l'assassin du comte Rossi, celui du duc de Parme, qui ont envoyé au dehors Orsini et ses complices avec leurs bombes incendiaires. C'est à ce titre qu'en 1818 l'Autriche rétablissait sur son trône un des ancêtres du roi Victor-Emmanuel que les sociétés secrètes de Turin en avaient précipité.

En chassant d'Italie la dominatrice étrangère, le conquérant allemand, on en a chassé en même temps la puissance conservatrice, et cela était inévitable puisque le même acteur remplissait les deux rôles. Comme grande puissance catholique, comme puissance conservatrice, la France a donc hérité de la moitié de ce rôle conservateur que Paris et Vienne remplissaient concurremment, quand une armée française chassait Garibaldi de Rome pendant qu'une armée autrichienne

occupait les légations et y réprimait le mouvement
républicain.

Pouvons-nous, devons-nous, voulons-nous décliner
cet héritage? Je pose la question sans la résoudre. Je
n'ai pas, comme le publiciste de la brochure anonyme,
la prétention de diriger les délibérations des Congrès,
de dicter les décisions des cabinets; je ne suis qu'un
humble enfant de l'Église, jetant ce qu'il y a de plus
léger au monde, une plume, dans la balance dont le
plateau est emporté par le poids des sceptres et des
épées. Je n'aurai pas la responsabilité de la décision
prise, parce que je n'ai pas la puissance. Je ne veux
pas, je ne peux pas même donner un conseil, j'expose
une situation.

Cette situation, la voici. L'Autriche, comme l'a bien
vu cette fois et comme l'a démontré l'auteur de la
brochure, ne peut pas, après la guerre qui vient de
finir, sortir de son quadrilatère; sa place demeure vide
dans toute la partie de l'Italie qu'elle a quittée; elle
ne peut donc rien pour le Saint-Siége. Si la puissance
manque à l'Autriche, la bienveillance, nous nous servons
d'une expression bien modérée, manque au Piémont.
On le sait, et les allocutions du Pape, dans les consis-
toires du 20 juin et du 26 septembre, l'ont rappelé d'une
manière formelle; c'est vers le roi Victor-Emmanuel
que se sont rendus les députés des révoltés de la Romagne, après avoir renversé le gouvernement pontifical pour déclarer, selon le mot d'ordre adopté par

tous les insurgés d'Italie (cette remarque est du Saint-Père lui-même), qu'ils voulaient être désormais soumis à la puissance et à l'empire du roi de Sardaigne. « *Declararunt, veluti in more nunc est, se velle Sardiniæ regis ditioni et imperio adhærere.* » Point d'espérance, des craintes à concevoir quand il regarde le Piémont, voilà le résumé de la situation du Saint-Siége de ce côté. Cette situation est d'autant plus grave que depuis que l'Autriche a dû se retirer de la Lombardie, la puissance prépondérante, celle qui mène le branle des affaires, celle qui a l'armée la plus forte, la plus nombreuse, la plus vaillante de l'Italie, c'est le Piémont. Le Saint-Siége a donc, ne disons pas, si vous le voulez, contre lui, mais au moins contre le maintien de sa souveraineté dans les Romagnes, la puissance prépondérante de la Péninsule italique. L'auteur de la brochure a encore très-bien vu et très-bien démontré que cette disposition hostile du Piémont paralysait la bonne volonté de Naples.

Le Pape est donc seul en Italie et sans secours : seul, si nous ne sommes pas avec lui, sans secours si notre secours lui manque. Encore une fois, lui manquera-t-il ? Le catholique sincère croit pouvoir assurer qu'il lui manquera. Voici la première raison qu'il en donne : « La France ! elle ne le peut pas. Nation catholique, elle ne consentirait pas à porter cette grave atteinte à la puissance morale du catholicisme. Nation libérale, elle ne saurait contraindre les peuples à subir des gouvernements que leur volonté repousse. »

Le catholique sincère et le libéral anonyme a la mémoire un peu courte. Je ne lui demande pas de sortir de ce pays, encore moins de ce siècle ; qu'il remonte seulement de dix ans en arrière, de la France de 1859 à la France de 1849, si éloquemment rappelée par M. de Montalembert aux hommes oublieux de notre temps. Que verra-t-il ? Est-ce que par hasard la France de 1849 n'était pas une nation catholique, quand elle envoya une armée conduite par le général Oudinot, ce noble fils d'un illustre père, pour imposer aux rebelles de Rome le retour du Pape Pie IX ? Oui, je le sais, il y avait aussi à cette époque des écrivains qui lui disaient qu'on portait une grave atteinte à la puissance morale du catholicisme en allant chasser de la ville éternelle les bandes de Garibaldi ; mais ces écrivains, c'étaient les publicistes des feuilles révolutionnaires qui prêchèrent la révolte en France dans la journée du 13 juin 1849 ; c'étaient les démagogues de l'hôtel des Arts et Métiers, les journalistes socialistes et phalanstériens, MM. Louis Blanc, Blanqui, Considérant et consorts. Oui, je le sais, il y eut aussi à cette époque un orateur qui monta à la tribune pour anathématiser notre armée partant pour aller rétablir le Pape, et en appela de l'Assemblée nationale qui ordonnait cette guerre à l'émeute du lendemain qui devait l'interdire, si elle triomphait de la loi, de l'ordre et de la fortune de la France. Mais cet orateur, qui s'écriait

comme aujourd'hui le catholique sincère, que réduire
par la force les sujets révoltés du Pape, « ce ne serait
pas une victoire, ce serait une honte, » (séance du
11 juin 1849), s'appelait M. Ledru-Rollin. Est-ce
que par hasard la France de 1849 n'était pas une
nation libérale, quand la République était en pleine
vigueur, qu'une assemblée souveraine, issue du vote
universel, décidait de tout par ses votes, que la tribune,
si haute alors, accueillait la libre expression de toutes
les opinions, qu'une presse qui pouvait tout dire et
qui n'avait à répondre de ce qu'elle disait que devant
le jury, allait remuer partout les sentiments et les
idées? Eh bien ! cette France de 1849, si catholique
et si libérale, ne crut forfaire ni à sa conscience religieuse ni à sa conscience politique, en méprisant les
insolentes paroles de M. Ledru-Rollin, qui proposait
de mettre en accusation le président de la république,
et elle chargea nos braves soldats d'aller relever à la
pointe de leurs baïonnettes le drapeau pontifical, que
des Romains rebelles avaient abattu du faîte du Vatican. Je ne crains pas de l'affirmer, la France de 1849
fit, à cette époque, une œuvre catholique et libérale,
une œuvre glorieuse qui a ajouté une page au chapitre
des œuvres de Dieu accomplies par l'épée des Francs,
gesta Dei per Francos; une œuvre dont il sera parlé
dans l'histoire, qui n'a pas fait rougir la liberté, et qui
a réjoui l'Église. La France de 1860 craindrait-elle de
la renouveler?

Le catholique sincère nous l'assure. Sur quel fondement s'appuie-t-il pour l'assurer? je l'ignore. Mais les motifs qu'il donne sont étranges. Vous connaissez le premier; voici le second :

« En tournant aujourd'hui contre le peuple italien les baïonnettes victorieuses qui le protégeaient il y a six mois contre l'Autriche, la France, dit-il, agirait à contre-sens de ses traditions, de ses intérêts, de ses œuvres. Après avoir proclamé un grand principe de justice, de réparation et de nationalité, la France ne peut désavouer cette glorieuse mission et laisser à l'Angleterre, notre libérale alliée, le privilége exclusif de revendiquer les conséquences de l'initiative de l'Empereur et du triomphe de nos armes. »

Certes, nous osons le dire, après avoir sacrifié pour l'Italie 50,000 hommes (nous prenons les chiffres du publiciste anonyme), dépensé 300 millions, ébranlé l'Europe, remporté au prix du plus pur de notre sang les victoires de Magenta et de Solferino, expulsé l'Autriche de la Lombardie, exclu son influence de toute l'Italie centrale, la France peut dire qu'elle a payé sa dette à l'indépendance italienne. Il est incontestable qu'au point de vue de son indépendance nationale, la situation de la Péninsule est infiniment meilleure, et qu'elle est meilleure grâce à nos efforts et à nos sacrifices. Elle n'a donc pas à se plaindre de nous. N'y a-t-il donc en Italie que le Pape, c'est-à-dire que le chef de la catholicité, envers lequel la France catholique n'ait pas de dettes à payer, et cela quand la situation du Saint-Siége est devenue plus fâcheuse et plus difficile à la suite des événements, résultats indirects, non de notre volonté, mais au moins de notre campagne?

Le catholique sincère craint qu'en agissant ainsi nous laissions à l'Angleterre, notre libérale alliée, le privilége exclusif de revendiquer les conséquences de l'iniative de l'Empereur et du triomphe de nos armes. Mais ce que l'Angleterre a revendiqué depuis bien des années en Italie, c'est l'abaissement de la papauté, sa ruine, s'il est possible, et l'extinction du catholicisme. Notre libérale alliée, qui n'est libérale qu'à ses heures, l'Inde l'atteste, les plaintes des îles Ioniennes l'affirment tous les ans, et les gémissements de l'Irlande le proclament, est toujours et partout protestante. Est-ce que par hasard la glorieuse mission que la France catholique doit disputer, selon le catholique sincère, à la protestante Angleterre, est celle d'humilier le Saint-Siége, d'affliger le Pape et de dépouiller la papauté?

IX

Il faut conclure. L'auteur de la brochure conclut, et sa conclusion est que « le domaine de saint Pierre n'est pas inviolable puisqu'il a été souvent violé, et que, notamment, en 1797, le Pape Pie VI a consenti à la cession d'une grande partie de ce domaine par le traité de Tolentino; en second lieu que, puisque l'Europe a pu sacrifier l'Italie en 1815, elle peut, à plus forte raison, l'affranchir et la sauver en 1860. »

Il importe de dire un mot de ce traité de Tolentino, qui est un des grands arguments du publiciste anonyme. Que le territoire de l'Église ait été plus d'une fois violé, cela est incontestable. Inviolable en droit, il n'est pas malheureusement inviolable en fait, nous le savons. Mais les injustices du passé n'autorisent point celles du présent, et les torts qu'ont eus nos devanciers ne sauraient nous servir d'excuse.

Oui, il est vrai, dans le traité de Tolentino, le Pape Pie VI céda et transporta, à la République française, les légations de Bologne, de Ferrare et de Romagne. Mais dans quel temps, dans quelles circonstances extrêmes, avec quel gouvernement le pape Pie VI avait-il signé ce traité de Tolentino?

Le général Bonaparte, alors instrument du Directoire qu'il devait bientôt balayer, en remplaçant son despotisme inintelligent et corrompu par une dictature plus intelligente, plus sobre et plus virile, était maître en Italie. Après avoir vaincu à Brescia, à Lonato, à Castiglione, à Arcole, à Rivoli, avoir pris Mantoue, il venait d'envahir Faenza, Imola, Forli, Ancône, et il menaçait d'envoyer une division à Rome. Le pape Pie VI, abandonné par tous ses alliés, devait subir la loi du vainqueur. Il avait tout à craindre pour la religion de la part du Directoire, ennemi mortel du catholicisme et de la papauté. Il fit ce que les Papes font dans les circonstances désespérées, il agit comme agissaient les dictateurs romains, et sous sa responsabilité envers Dieu et envers l'Église, il céda à un ennemi implacable, le Directoire, non-seulement anticatholique, mais athée, une partie du domaine de saint Pierre pour conserver à l'Église l'autre partie qu'il ne croyait pas pouvoir défendre.

Hélas ! ce traité de Tolentino que le catholique sincère a la témérité de rappeler en ajoutant que « c'est faire injure au caractère et à la dignité de Pie VI que de dire qu'il n'était pas libre de retenir ce que lui enleva le Directoire » ne sauva pas pour longtemps le Saint-Siége. Un an après le jour où ce traité fut signé, le général Berthier, à la tête d'une armée française, marchait sur Rome. Par ordre du Directoire, le Pape, d'abord captif dans ses appartements, fut dépouillé de l'anneau pontifical. Ce fut en vain que le Pontife pria avec une mansuétude touchante qu'on le laissât mourir à Rome. — « Vous mourrez partout, » lui répondit durement le calviniste Haller, l'agent du Directoire. A quatre heures du matin, on le jeta dans une voiture et on le fit sortir de Rome par la porte Angélique. Quelque temps auparavant le gouvernement français écrivait à son général : « Vous ferez chanceler la tiare au prétendu chef de l'Église universelle, » et, bien avant le meurtre du général Duphot, tué à Rome en flagrant délit d'insurrection contre le Pape, le même gouvernement directorial disait dans une dépêche adressée au général Bonaparte : « Vous avez deux choses à faire : empêcher le roi de Naples de venir à Rome; et aider, bien loin de retenir, les bonnes dispositions de ceux qui penseraient qu'il est temps que le règne des papes finisse. »

Quelle comparaison le catholique sincère prétend-il établir entre le temps où le traité de Tolentino fut signé et le nôtre, entre les rapports de la France sous le gouvernement actuel avec Pie IX et les rapports de la France sous le Directoire avec Pie VI ? Ne s'agit-il plus seulement dans la pensée du catholique sincère de ne pas secourir le Pape ? Veut-il qu'on fasse marcher une division contre Rome pour l'obliger à céder, en aidant les bonnes dispositions de ceux qui penseraient qu'il est temps que le règne des Papes finisse ?

Ces souvenirs ne sont ni de notre temps, ni dans nos idées, ni dans nos mœurs. Pourquoi les rappeler ? Pourquoi demander hypocritement si le Pape Pie VI fut violenté par le Directoire, un des gouvernements les plus violents qui aient existé dans le monde, et pourquoi il céda quelque chose du domaine inaliénable de saint Pierre quand il croyait sauver ainsi un bien cent fois plus précieux encore, l'existence même de l'Église catholique, à Rome, dont il savait qu'un gouvernement immoral et impie conspirait la ruine ? Pense-t-il que le Congrès de 1860 ait la volonté d'imposer au Pape Pie IX un nouveau traité de Tolentino, d'employer les moyens que le Directoire employa, de menacer la religion de saint Pierre pour obtenir un lambeau du domaine de saint Pierre? S'il le pense, s'il l'espère, c'est une offense mortelle faite à la France. S'il ne le pense pas, à quoi bon ces mauvais souvenirs?

« Le Congrès a tous les droits, » reprend le publiciste anonyme. Je répondrai qu'il a par-dessus tout le devoir d'être juste. Il ne lui appartient pas plus de retrancher la Romagne des États du Pape que de retrancher l'Irlande de l'Angleterre, l'Alsace et la Lorraine de la France, la Hongrie de l'Autriche, la Pologne de la Russie et de la Prusse. J'ai dit trop peu. Cela lui appartient encore moins, parce que le titre auquel le Pape possède la Romagne est un titre plus incontestable que celui auquel la plupart des puissances précitées possèdent les provinces en question, notamment l'Irlande et la Pologne.

Vous dites qu'il le peut parce que c'est lui qui, en 1815, a fait l'Italie telle qu'elle est. Je vous ai déjà répondu qu'il ne pouvait rien ôter au Pape parce qu'il ne lui avait rien donné, et qu'il n'avait fait que lui rendre ce qui lui appartenait en vertu d'un droit antérieur. Vous dites qu'il a la force. Je vous réponds qu'il n'a pas le droit. Vous sacrifiez l'inviolabilité morale du domaine de saint Pierre à l'espoir chimérique d'éviter une coercition militaire que vous déclarez impossible. Je vous dis qu'en supposant l'iniquité de la spoliation partielle consommée, vous n'éviterez pas cette coercition. Vous ne l'éviterez pas, ou dans un temps donné, et ce temps sera court, vous laisserez détruire ce reste de souveraineté temporelle que, par un dernier remords, vous consentez à garantir au Pape et que vous voulez faire proclamer par le Congrès des puissances. Ce n'est pas l'impunité assurée aux révoltés romagnols qui arrêtera la révolte chez les Romains. Vous aurez beau dire « qu'il faut que toute complication, toute idée de guerre et de révolte soit bannie du territoire gouverné par le Pape, et que l'on puisse dire que là où règne le vicaire de Jésus-Christ règne aussi la concorde, le bien-être et la paix; » ces vaines paroles, ces impuissantes métaphores ne seront point un bouclier pour la papauté. Un jour viendra où de la révolte impunie et victorieuse de la Romagne sortira la révolte de Rome. Ce jour-là que ferez-vous? Comptez-vous sur l'armée fédérale? Cette armée fédérale, le Piémont la dominera, et, vous nous l'avez dit, le Piémont est le soutien de la liberté des peuples. Votre armée fédérale formée des troupes du Piémont, de la Toscane, de Parme, de Modène gouvernés par les chefs du mouvement révolutionnaire, marchera au secours des insurgés de Rome ou ne marchera pas. Alors, que ferez-vous? Ou Il faudra recommencer cette glorieuse et honorable intervention de 1849 que vous déclarez aujourd'hui impossible, ou, si vous n'intervenez pas, l'ombre de la souveraineté temporelle que vous aurez laissée au

Pape achèvera de disparaître du monde. Voilà l'état vrai de la question. C'est ainsi qu'elle se présente devant le Congrès. Vous proposez une solution impraticable, absurde, impossible, impuissante, et par-dessus tout hypocrite, qui ne résout aucune difficulté, qui ne prévient aucun péril, qui est grosse, au contraire, de difficultés et de périls. Vous servez la révolution, vous livrez la papauté. Vous vous trompez, je l'espère; mais ce dont je suis sûr, c'est que vous voulez tromper le Congrès et la France.

Résumons la pensée des catholiques en deux mots : cette brochure est un scandale; l'adoption des conclusions de cette brochure par le Congrès serait une calamité. C'est alors qu'il faudrait se souvenir de la belle parole que Pie VII, partant pour sa captivité, laissa comme un mot d'ordre aux catholiques de Rome prosternés sur son passage : Courage et prière !

Je m'arrête, et cependant que de choses encore à dire, s'il ne fallait pas négliger les détails ridicules pour ne s'occuper que du fond de la question? Qu'est-ce, par exemple, que cette destinée à part que l'anonyme prétend faire à Rome, cette existence mi-cloître, mi-musée, d'une population condamnée à perpétuité à la vie contemplative dans une espèce d'oasis grillée et sans communication avec le reste du monde, assez semblable, on l'a dit spirituellement, à ces parcs du Jardin des Plantes où nous entretenons des zèbres, des dauws, des cerfs exotiques et des antilopes? Laissons cela, et, avant de poser la plume, présentons une plus grave réflexion. En présence des énormités contenues dans la brochure, un doute était entré dans quelques esprits : l'auteur ne serait-il pas allé au delà de sa pensée pour faire peur et pour préparer les catholiques et le Saint-Siège à accepter comme une atténuation la cession inacceptable de la Romagne, que l'anonyme proposerait, en temps opportun, dans une nouvelle brochure? Ce n'était qu'un soupçon, c'est presque une évidence depuis la révélation faite par le directeur d'un journal (*l'Opinion nationale*), qui est habitué à parler sans réticence et à agir sans masque; car l'Église a deux genres d'ennemis, les violents et les astucieux. L'ennemi violent convient que le programme de l'ennemi astucieux qui a écrit la brochure, programme qui, nous l'espérons, ne deviendra jamais celui ni de la France ni du Congrès, « n'est pas inflexible, qu'il est sujet à des modifications et même à un certain recul. » L'école anticatholique a trahi ici sa pensée. Tenons-nous donc pour avertis. Faisons tête aux écrivains violents, mais ayons l'œil sur les écrivains astucieux, et à la devise du Pape Pie VII, *Courage et prière*, ajoutons deux mots : *Sang-froid et vigilance*, afin de déconcerter la ruse tout en luttant contre la violence qui combat à front découvert.

Paris. — Imprimé par E. Turet et Cᵉ, 26, rue Racine.

www.ingramcontent.com/pod-product-compliance
Lightning Source LLC
Chambersburg PA
CBHW051142050726
47594CB00003B/1211